Schott Piano Classics

Carl Czerny
1791 – 1857

160 achttaktige Übungen

160 Eight-bar Exercises
160 exercices à huit mesures

für Klavier
for Piano
pour Piano

opus 821

Herausgegeben von / Edited by / Edité par
David Patrick und / and / et Monika Twelsiek

ED 8934
ISMN 979-0-001-13135-3

www.schott-music.com

Mainz · London · Berlin · Madrid · New York · Paris · Prague · Tokyo · Toronto
© 2001 SCHOTT MUSIC GmbH & Co. KG, Mainz · Printed in Germany

Vorwort

Mein Vater Wenzel Czerny war 1750 in Nimburg, einer kleinen Stadt in Böhmen, geboren [...]. Im Jahr 1786 kam er nach Wien und da er sich im Clavierspiel bedeutend vervollkommnet hatte, so konnte er von den nach und nach erhaltenen Lekzionen leben. Im Jahr 1791, den 21. Febr., wurde ich, sein einziges Kind, in Wien /:Leopoldstadt:/ geboren und in der dortigen Pfarrkirche zu St. Leopold getauft. Schon in der Wiege umgab mich Musik, da mein Vater damals fleißig /:besonders Clementis, Mozarts, Kozeluchs etc. Werke:/ übte, und ihn auch viele durch Musik bekannte Landsleute, wie Wanhal, Gelinek, Lipavsky u. a. besuchten [...]. Ich soll ein sehr munteres Kind gewesen seyn und schon im 3ten Jahre meines Alters einige Stückchen auf dem Clavier gespielt haben⁾*

Mit diesen Worten beginnt Carl Czerny seine autobiografischen Notizen „Erinnerungen aus meinem Leben", die 1842 veröffentlicht wurden. Die Schilderung der Kindheitserlebnisse nimmt in den Skizzen einen breiten Raum ein; tatsächlich erscheint das Leben Carl Czernys, des Virtuosen, Pädagogen und Komponisten, rückblickend als frappierend logische, fast zwanghafte Entwicklung früher Erfahrungen und Prägungen. Der Vater, selbst Klavierlehrer und bewundertes Vorbild, unterrichtet den Sohn bis zu dessen zehntem Lebensjahr. Er bestimmt ihn zum Klavierpädagogen, legt den Grundstein zu seinem unermüdlichen Fleiß – und zu lebenslanger Einsamkeit.

Da mein Vater durch das Studium der Bach'schen, Clementischen und ähnlicher Werke eine sehr gute Spielart und richtige Behandlung des Fortepiano angeeignet hatte, so hatte dieses auf meinen Fleiß einen guten Einfluß, und mein Vater, weit entfernt mich zu einem oberflächlichen Concertspieler bilden zu wollen, trachtete vielmehr, mir durch fortwährendes Studieren neuer Musikalien eine große Gewandheit im Avistalesen anzueignen und meinen Musiksinn zu entwickeln. Auch war ich kaum 10 Jahre alt, als ich schon fast alles von Mozart, Clementi und den andern damals bekannten Claviercompositeurs mit vieler Geläufigkeit, und bei meinem guten musikalischen Gedächtnisse meistens auswendig vorzutragen wusste. Alles was mein Vater sich von seinem spärlichen Verdienst als Claviermeister erübrigen konnte, wurde darauf verwendet, mir Musikalien zu kaufen, und da ich sorgfältig von anderen Kindern entfernt blieb und stets unter den Augen meiner Eltern blieb, so wurde mir der Fleiß zu Gewohnheit. Ohne von meinem Vater besonders dazu aufgemuntert zu werden, fing ich schon im 7ten Jahr meines Alters an, eigene Ideen aufzuschreiben, und ich muß bemerken, daß dieselben meistens so richtig gesetzt waren, daß ich später, als ich Kenntniß vom Generalbaß erhielt, wenig daran zu ändern fand.

Zum Schlüsselerlebnis wird die Begnegung mit Ludwig van Beethoven. Wenzel Krumpholz, Geiger des Wiener Hofopernorchesters und Freund Beethovens, stellt den Zehnjährigen dem Meister vor. Noch die Schilderung des erwachsenen Czerny lässt – bei allem Sinn für das Skurrile der Situation – die Bedeutung ahnen, die diese Begegnung für ihn hatte:

Zehn Jahre war ich ungefähr alt, als ich durch Krumpholz zum Beethoven geführt wurde. Wie freute und fürchtete ich mich des Tages, wo ich den bewunderten Meister sehen sollte! Noch heute (1842) schwebt mir jener Augenblick lebhaft im Gedächtniß. An meinem Wintertage wanderte mein Vater, Krumpholz und ich aus der Leopoldstadt /:wo wir stets noch wohnten:/ in die Stadt, in den sogenannten tiefen Graben /:eine Straße:/ stiegen thurmhoch bis in den 5ten oder 6ten Stock, wo uns ein ziemlich unsauber aussehender Bediente beym Beethoven meldete und

---

*⁾ Alle Zitate des biografischen Teils aus: Carl Czery: Erinnerungen aus meinem Leben (Autograph im Archiv der Gesellschaft für Musikfreunde in Wien), Abdruck in: Paul Badura-Skoda (Hrsg.): „Carl Czerny: Über den richtigen Vortrag der sämtlichen Beethoven'schen Klavierwerke nebst Czerny's ‚Erinnerungen an Beethoven'", Wien 1963 (Universal Edition)

dann einließ. Ein sehr wüst aussehendes Zimmer, überall Papiere und Kleidungsstücke verstreut, einige Koffer, kahle Wände, kaum ein Stuhl, ausgenommen der wackelnde beym Walterschen Fortepiano /:damals die besten:/ und in diesem Zimmer eine Gesellschaft von 6 bis 8 Personen, worunter die beiden Brüder Wranitzky, Süßmeier, Schuppanzigh und einer von Beethovens Brüdern. Beethoven selber war in eine Jacke von langhaarigem dunkelgrauen Zeuge und gleichen Beinkleidern gekleidet, so daß er mich gleich an die Abbildung des Campe'schen Robinson Crusoe erinnerte, die ich damals eben las. Das pechschwarze Haar sträubte sich zottig /:à la Titus geschnitten:/ um seinen Kopf. Der seit einigen Tagen nicht rasierte Bart schwärzte den unteren Theil

seines ohnehin brunetten Gesichts noch dunkler. Auch bemerkte ich sogleich mit dem bey Kindern gewöhnlichen Schnellblick, daß er in beyden Ohren Baumwolle hatte, welche in eine Gelbe Flüssigkeit getaucht schien.

Doch war damals an ihm nicht die geringste Harthörigkeit bemerkbar. Ich mußte sogleich etwas spielen, und da ich mich zu sehr scheute, mit einer von seinen Compositionen anzufangen, so spielte ich das Mozart'sche große C-dur Concert /:das mit Accorden anfängt:/ [KV 503]. Beethoven wurde bald aufmerksam, näherte sich meinem Stuhle und spielte bey den Stellen, wo ich nur accompagnierende Passagen hatte, mit der linken Hand die Orchestermelodie mit. Seine Hände waren sehr mit Haaren bewachsen, und die Finger /:besonders an den Spitzen:/ sehr breit. Die Zufriedenheit, die er äußerte, machte mir Mut hierauf die eben erschienene Sonate Pathétique und endlich die Adelaide vorzutragen, welche mein Vater mit seiner recht guten Tenorstimme sang. Als ich vollendet hatte, wendete sich Beethoven zu meinem Vater und sagte: „Der Knabe hat Talent, ich selber will ihn unterrichten und nehme ihn als meinen Schüler an. Schicken sie ihn wöchentlich einige Mal zu mir. Vor allem aber verschaffen Sie ihm Emanuel Bach's Lehrbuch über die wahre Art das Clavier zu spielen, das er schon das nächste Mal mitbringen muß.

Als Schüler Beethovens und junger Klaviervirtuose macht Czerny die Kompositionen seines Lehrers bekannt, mit „Anekdoten und Skizzen über Beethoven" bereichert er die Beethoven-Biografie Anton Schindlers. Er besorgt eine mit Metronombezeichnungen und Fingersätzen versehene Ausgabe der Sonaten und liefert mit der Abhandlung „Über den richtigen Vortrag der sämtlichen Beethoven'schen Klavierwerke (im 4. Band seiner Klavierschule op. 500) eine faszierende Interpretation der Klavierwerke des Meisters.

Carl Czerny war Interpret, Komponist (von Sonaten, Sinfonien, Konzerten, Chören, Messen, sogar Bühnenwerken), Herausgeber, Kritiker, Arrangeur. Berühmt wurde er als Klavierpädagoge und Autor klavierpädagogischer Werke. Schon mit füfzehn Jahren hatte Czerny in Wien, das er abgesehen von kurzen Reisen nie verließ, als Klavierlehrer einen Namen. Beethoven vertraute ihm seinen Neffen Karl als Schüler an. (Er, der Ungestüme, bat den Lehrer um liebevolle Geduld.) Bedeutende Virtuosen der Zeit gehörten zu Czernys Schülern; der berühmteste unter ihnen – 1819 stellte ihn der Vater achtjährig vor – war Franz Liszt.

Neben einer anstrengenden Unterrichtstätigkeit – bis zu zwölf Stunden am Tag – entwickelte Czerny eine fast unvollstellbare kompositorische Fruchtbarkeit. Die Zahl seiner Werke übersteigt die tausend, in der Klaviermusik gelangte er bis zur Opuszahl 861, wobei eine Nummer oft aus fünfzig und mehr Heften besteht.

Für ein privates Glück blieb wenig Raum. Der Tod der Eltern, in deren Hauser lebte, wurde zum tragischen Einschnitt. *Im Jahr 1827 verlor ich meine Mutter und fünf Jahre später (1832) meinen Vater, und war nun ganz allein, da ich gar keine Verwandten habe.* Carl Czerny starb 1857 in Wien.

Igor Strawinsky hat als einer der ersten darauf hingewiesen, dass Czerny nicht bloß als Komponist von pädagogischen Werken zu sehen ist: *Ich habe an Czerny immer den blutvollen Musiker noch höher geschätzt als den bedeutenden Pädagogen.*

Nur rund neunzig Nummern der Werke Czernys, etwa ein Zehntel seines kompositorischen Schaffens, sind methodische Werke, Etüden und Übungen, für das Klavier; doch sind es vor allem diese, die gedruckt und verbreitet wurden und das Bild des Komponisten Czerny bis heute prägen.

„Sisyphus des Klaviers", „Butler der Virtuosität", „ein richtiger Tintenfaß" hat man Czerny genannt. Berauscht von der Masse seines Schaffens habe er mit seelenlosen Passagen und Kadenzen den Stoff geschaffen, um Generationen von Schülern in „Einzelhaft" das Klavierspiel zu verleiden. Tatsächlich lässt sich nicht leugnen, dass sich die Etüden und Übungen in ihrer Systematik und ihrem Perfektionismus für eine mechanische Rezeption geradezu anbieten, gibt es doch kaum ein pianistisches Problem, das nicht ausführlich thematisiert würde. Nur die bekanntesten Studienwerke seien genannt:

Etüden: *Die Schule der Geläufigkeit* op. 299, *Die Schule des Legato und Staccato* op. 335, *Die Schule des Virtuosen* op. 365, *Die Schule der linken Hand* op. 399, *Die Schule des Fugenspiels und des Vortrags mehrstimmiger Sätze* op. 400, *Die Kunst der Fingerfertigkeit* op. 740.

Übungen: *Vierzig tägliche Studien* op. 337, *90 tägliche Übungen zur immerwährenden Steigerung der Fingerfertigkeit in allen üblichen Formen* op. 820, schließlich: *160 kurze achttaktige Übungen* op. 821, dazu die *Vollständige theoretisch-praktische Pianoforte-Schule* op. 500.

Im Vorwort zur *Schule der Geläufigkeit*, die 1834 als erstes systematisches Etüdenwerk nach dreißigjähriger Unterrichtspraxis erschien, formuliert Czerny das Ziel seiner Übungen und Etüden: *Unter den unerlässlichen Eigenschaften, welche der Klavierspieler besitzen muß, wenn er sich über das Mittelmäßige emporheben will, ist die wahre und regelmäßige Geläufigkeit der Finger, auch in der schnellsten Bewegung, eine der notwendigsten, und bei jedem Schüler so frühzeitig als möglich zu entwickeln. Nur wenn dem Pianisten jeder Grad von Geschwindigkeit ungezwungen zu Gebote steht, wird er im Stande seyn, auch die anderen Vortragsgattungen mit wahrer Vollendung auszuführen, – so, wie die Geschmeidigkeit der Zunge eine Hauptbedingung ist, um sich in einer Sprache schön und gut auszudrücken.*

Der Glaube, durch unzählige mechanische Wiederholungen sei eine spieltechnische Geläufigkeit zu erreichen, durch die sich die künstlerische Aussage schließlich schon einstellen werde, hält sich bis in die Pädagogik unserer Zeit. Dass gerade dem „perfekt" funktionierenden Menschen Fantasie und Sensibilität fehlen, die eine künstlerische Aussage überhaupt erst möglich machen, hat der Pädagoge Czerny jedoch bei allen Fleißappellen gewusst: Er beschwört die *Schönheit des Vortrags und Gefühls, welche dem einfachen Gesange zukommen,* fordert den Interpreten auf, *jeder Kunstleistung Glanz und Leben zu verleihen.* Auch was die Zahl der Wiederholungen angeht, appelliert er an die Mündigkeit der Spieler: *Übrigens bleibt es natürlicherweise doch auch der Überlegung und Ausdauer des Spielers überlassen, in wiefern er die Zahl der Wiederholungen abkürzen oder allenfalls manchmal noch vermehren will.*

Die *160 kurzen achttaktigen Übungen* op. 821, das „Spätwerk" unter den Übungen, spricht eine eigene Sprache: Neben dem Ziel einer geschmeidigen, differenzierten, ausdrucksvollen Geläufigkeit enthält es eine Fülle musikalischer Appelle: Tempo- und Charakterbezeichnungen, dynamische Angaben, genau notierte Artikulation fordern eine Ausführung, die über das rein Mechanistische weit hinaus geht.

Der nachfolgende Versuch einer Gliederung der Übungen nach technisch-musikalischen Zielen (S. 14) kann und soll nicht mehr sein als ein Wegweiser durch die Fülle des Materials. Erst wer die Übungen als Mikro-Musikstücke versteht, ihre Ausdruckswerte erfasst, ihnen mit Czerny in die entlegensten Tonarten folgt und sie seinerseits transponiert, wer spielerisch mit dem Material und dem eigenen Körper improvisiert, wird eine neue Dimension „künstlerischer Geläufigkeit" erreichen.

Monika Twelsiek

Zur Edition

Die vorliegende Edition basiert auf einer Druckausgabe, die 1853, also zu Lebzeiten des Komponisten, bei Schlesinger in Berlin erschien [Quelle: British Library, London, H 1014 (5)]. Von dieser Ausgabe wurde auch der Großteil der Fingersätze übernommen. Alternative Fingersätze und dynamische Angaben in Klammern sind dagegen Zusätze des Herausgebers.

Die Phrasierungsangaben sind in solchen frühen Editionen oftmals problematisch. Der Herausgeber hat deshalb versucht, die Phrasierung der musikalischen Linie anzupassen.

Auf die in modernen Editionen üblichen Hinweise zur Verwendung des Pedals wurde verzichtet, da auch die Schlesinger-Ausgabe keine Pedalanweisungen enthält. Die Verwendung der Fingersätze bleibt den Spielern und Lehrern freigestellt.

In der 1853 herausgegebenen Ausgabe findet sich zu Beginn die folgende Anmerkung: *Jede Nummer ist wenigstens achtmal nacheinander ununterbrochen im Tempo zu üben, indem sie auf diese Weise eine größere Etüde bildet.*

David Patrick

Preface

My father Wenzel Czerny was born in 1750 in Nimburg, a small town in Bohemia [...] In 1786 he came to Vienna and, as he had become highly accomplished as a pianist, was gradually able to live by giving lessons. In 1791, on the 21st of February, I was born – his only child – in Vienna /:Leopoldstadt:/ and baptised in the parish church of St Leopold. Even in my cradle I was surrounded by music, as my father at that time practised diligently /:particularly works by Clementi, Mozart, Kozeluch etc.:/ and was also visited by many fellow countrymen whom he knew through music, such as Wanhall, Gelinek, Lipavsky and others [...] I am said to have been a very lively child, and to have played some little pieces on the piano when I was aged only 3.[*)]

With these words Carl Czerny begins his autobiographical remarks, *Memories from my Life*, which were published in 1842. The account of his childhood experiences forms a substantial part of these memoirs: indeed, in retrospect his life as a virtuoso, teacher and composer seems a remarkably logical, almost inevitable, product of his early experiences and impressions. His father, himself a piano teacher and exemplar, taught him until he was 10. It was the father's ambition that the son should also be a teacher of the piano, and it was he who laid the foundations for his son's tireless industry – though also for his lifelong loneliness.

My father, through the study of the works of Bach, Clementi and the like, had acquired a very good touch and a correct way of handling the fortepiano, and this had a good influence on my own efforts. Far from wishing to turn me into a superficial concert performer, he endeavoured to instil in me great skill in sight-reading, by the constant study of new pieces of music, and to develop my musical understanding. Thus, by the time I was little over 10 years old, I was able to perform with great fluency almost everything of Mozart, Clementi and the other composers for the piano known at the time and, with my good musical memory, largely to do so without a score. Whatever my father could spare from his scanty earnings as a piano master went towards buying music for me and, since I was kept strictly separate from other children and always remained under my parent's watchful eyes, hard work became a habit. From the age of seven, without any special encouragement from my father, I began writing down my own ideas, and I can say that these were for the most part so correctly composed that later, when I gained an understanding of figured bass, I found little need to correct them.

Czerny's meeting with Ludwig van Beethoven was a crucial event in his life. Wenzel Krumpholz, a violinist in the Vienna Court Opera orchestra and a friend of Beethoven's, introduced the 10-year-old to the master. Bizarre though the occasion was, the account of the meeting that Czerny wrote in his adulthood shows how important it was for him:

I was about 10 years old when I was taken to Beethoven by Krumpholz. How I had looked forward to, and dreaded, the day when I should see the admired master! Even now [in 1842] the moment remains vivid in my memory. On a winter's day my father, Krumpholz and I walked from the Leopldstadt /:where we still lived:/ into the city, to the so-called Tiefer Graben /:a street [in the entre of Vienna]:/. We climbed up to the 5th or 6th storey of a towering building, where a rather unkempt servant announced our arrival to Beethoven and then ushered us in. A wild, untidy room: papers and items of clothing strewn everywhere, some travelling trunks, bare walls, scarcely a chair except for a rickety one by the Walter

[*)] All autobiographical quotations are taken from Carl Czerny, *Erinnerungen aus meinem Leben* (autograph held in the archives of the Gesellschaft der Musikfreunde, Vienna), published in Paul Badura-Skoda (ed.), *Carl Czerny: Über den richtigen Vortrag der sämtlichen Beethoven'schen Klavierwerke nebst Czerny's 'Erinnerungen an Beethoven'* (Universal Edition, Vienna, 1963).

fortepiano /:at that time, the best make:/; and in this room a gathering of 6 or 8 people, among them the two Wranitzky brothers, Süßmeier, Schuppanzigh and one of Beethoven's brothers.

Beethoven himself was wearing a shaggy dark-grey jacket, and trousers of the same stuff, so that he immediately reminded me of the illustration in the Campe edition of Robinson Crusoe, which I was reading at the time. His scraggy jet-black hair /:cut à la Titus:/ stood on end around his head. His beard had not been shaved for several days, darkening the lower part of his already swarthy face. I also noticed, with the swiftness customary in children, that he had cotton wool in both ears, which seemed to have been dipped in a yellow liquid.

At that time, however, not the slightest hardness of hearing was evident in him. I was immediately told to play something and, as I was too afraid to begin with one of his own compositions, I played the big Mozart concerto in C major /:which opens with chords:/ [K503]. Beethoven quickly became attentive, came up to my chair and, at the places where I had only accompanying passagework, played the orchestral melody in the left hand. His hands were thick with hair and his fingers very broad /:the tips especially:/. The satisfaction that he expressed now gave me courage to perform the Sonate Pathétique, which had just been published, and finally Adelaide, which my father sang in his excellent tenor voice. When I had finished, Beethoven turned to my father and said: "The boy has talent: I will teach him myself, and take him on as my pupil. Send him to me a few times each week. First and foremost, though, obtain for him Emanuel Bach's book on the True Method of Playing the Clavier, which he should bring the next time he comes."

As Beethoven's pupil, and a young virtuoso, Czerny made audiences familiar with his teacher's compositions. He enriched Anton Schindler's biography of the composer by providing 'Anecdotes and Sketches of Beethoven'. He was responsible for an edition of the piano sonatas containing metronome markings and fingerings, and his treatise *On the Correct Performance of All the Piano Works of Beethoven* (in the fourth volume of his *Pianoforte School*, Op. 500) is a fascinating interpretation of the composer's keyboard works.

Carl Czerny was a performer, composer (of sonatas, symphonies, concertos, choral music, settings of the mass and even stage works), editor, critic and arranger. He was famed as a teacher of the piano and as an author of works on piano teaching. In Vienna – a city he never left, except for brief periods of travel – he had a reputation as a piano teacher from the age of 15. Beethoven entrusted his nephew Karl to him as a pupil. (The impetuous young man begged his teacher to treat him with kindness and patience.) Czerny's pupils included some of the most important virtuosos of the era, the most famous of them – brought to Czerny by his father in 1819, when only eight – being Franz Liszt.

Despite his taxing work as a teacher, which sometimes occupied him for 12 hours a day, Czerny became almost unimaginably prolific as a composer. He wrote over a 1,000 works. His piano compositions alone account for 861 opus numbers, and among these a single opus number sometimes consists of 50 or more items.

There was little room for personal happiness. The death of his parents was a tragic landmark in his life. *In 1827 I lost my mother, and five years later my father. I was now quite alone, as I have no relatives whatever.* Carl Czerny died in Vienna in 1857.

Igor Stravinsky was one of the first to point out that Czerny should not be regarded merely as a composer of pedagogic works: *I have always valued*

Czerny more highly as the lively musician than as the important ped-agogue. Only about 90 of Czerny's works – roughly one-tenth of his output – are keyboard methods, studies or exercises. It is these compositions, however, that have been most widely published and disseminated and that still shape the image of Czerny today.

He has been called the 'Sisyphus of the Piano', the 'Butler of Virtuosity' and 'a Veritable Inkwell'. It is claimed that in his obsession with turning out com-positions he produced quantities of soulless passagework and cadenzas, con-demning generations of students to 'solitary confinement' and spoiling their pleasure in playing the piano. Certainly it cannot be denied that the studies and exercises, with their systematic character and their perfectionism, seem almost to demand mechanical treatment. On the other hand, there is scarcely a single problem of piano technique to which Czerny did not devote rigorous attention. To list just the best-known of his studies and exercises:

Studies: *School of Velocity,* Op. 299, *School of Legato and Staccato,* Op. 335, *School of Virtuosity,* Op. 365, *Die Schule des Fugenspiels,* Op. 400, *Die Kunst der Fingerfertigkeit,* Op. 740.

Exercises: *40 Daily Studies,* Op. 337, *90 Daily Studies,* Op. 820, 160 kurze *acht-taktige Übungen,* Op. 821, and finally his *Complete Theoretical and Practical Pianoforte School,* Op. 500.

In the preface to the *School of Velocity* (1834), the first systematic set of studies he published after 30 years' experience of teaching, Czerny summed up the aim of his exercises and studies as follows: *One of the qualities that is indispensable if the pianist wishes to rise above mediocrity is true and regular fluency* [Geläufigkeit] *of the fingers, even at the greatest speeds: this most essential quality should be developed in every student as early as possible. Only if the pianist has every level of velocity readily at his command will he be in a position to realize all the other forms of execution with true perfec-tion – just as suppleness of the tongue is a chief condition of the ability to express oneself well in speech.*

The belief that countless mechanical repetitions can lead to technical facility, which in turn enables artistic expression to come to the fore, remains widely held by teachers today. Nevertheless, despite all his calls for hard work, Czerny the pedagogue also knew that the 'perfectly' functioning performer will lack the imagination and sensibility without which artistic expression is not possible in the first place. He invokes the *beauty of execution and feeling that attach to sim-ple song,* and appeals to the player to *endow every artistic performance with lust-re and life.* Furthermore, he emphasizes that the number of times the exercises should be repeated depends on the player's age and maturity: *It should, of cour-se, be added that the extent to which the player chooses to curtail the number of these repetitions, or, if need be, increase them, is a matter of his own judgement and pertinacity.*

The *160 Short Eight-Bar Exercises,* Op. 821, the 'late' work among the exercises, has its own distinctive language. While its aim is still to foster suppleness, differentiation, expressiveness and fluency, it also has a wealth of musical con-tent. The tempo and expression markings, dynamics and precisely notated articulation call for the exercises to be performed in anything but a mechanical fashion.

The suggested classification of the exercises in terms of technical and musical elements (p. 14) should be regarded simply as a guide to the richness of the material. The exercises should be seen as micro-works of music, with their own expressive validity. Pianists should take them into the most distant keys, either following Czerny or transposing the pieces for themselves; they should explore them in a playful spirit of improvisation, letting body and musical material unite. Used in this way, the exercises will open up a new, artistic dimension of 'fluency' – Geläufigkeit.

Monika Twelsiek

Editorial Note

This edition is based on the edition published during the composer's lifetime by Schlesinger of Berlin in 1853 [Source : British Library, London, H 1014 (5)]. The majority of the fingering is taken from the Schlesinger edition. Alternative fingerings have been added in brackets. Dynamic markings in brackets are editorial.

Phrase marks tend to be problematic in such early editions and so the editor has tried to base the phrasing on the natural musical line.

Modern editions contain indications for the use of the sustaining pedal. There are no such markings in the Schlesinger edition and therefore it is also left here to the discretion of performers and teachers to decide where and when this is required.

In the 1853 edition there is a note which states that *each exercise to be practised at least 8 times in succession, forming by this method one great study*.

David Patrick

Préface

*Mon père, Wenzel Czerny, est né en 1750 à Nimburg, une petite ville de
Bohème [...]. Il vint à Vienne en 1786, et comme il s'était grandement perfectionné
au piano, il put vivre peu à peu des leçons reçues. Je suis né en 1791, le 21 février,
à Vienne /:Leopoldstadt:/ et je devais rester son fils unique. Je fus baptisé à l'égli-
se St. Léopold. La musique entoura mon berceau déjà, puisque mon père s'e-
xerçait déjà avec acharnement /:en particulier aux œuvres de Clementi, Mozart,
Kozeluch etc. :/ et qu'il recevait la visite de nombreux compatriotes qui se sont fait
connaître aussi par la musique, tels que Vanhall, Gelinek, Lipavsky et d'autres
encore [...]. Il paraît que j'étais un enfant très éveillé et que je jouais quelques mor-
ceaux au piano dès l'âge de trois ans.*[*)]

C'est par ces mots que Carl Czerny commence ses notices autobiographiques
Souvenirs de ma vie, publiées en 1842. Dans cette ébauche, une large place est
réservée au récit de son enfance. Effectivement, la vie de Carl Czerny, du virtuose, du pédagogue et du compositeur, si on la considère rétrospectivement,
est d'une logique frappante, résultat d'une évolution presque inéluctable à par-
tir des expériences et des influences précoces. Le père, lui-même professeur de
piano et modèle admiré, donne des cours à son fils jusqu'à sa dixième année. Il
fait de lui un pédagogue du piano, posant la première pierre de son infatigable
assiduité – et d'une solitude qui devait durer toute sa vie.

*Mon père ayant, par l'étude des œuvres de Bach, de Clementi et d'autres œuvres
semblables, acquis une très bonne manière de jouer et de traiter le pianoforte, ceci
eut une influence positive sur mon assiduité, et mon père, loin de vouloir faire de
moi un superficiel pianiste de concert, aspirait bien plus à me donner, par l'étude
constante de nouvelles partitions, une grande habileté dans le jeu à la première
lecture, et à développer mon sens de la musique. Ainsi, à l'âge de dix ans à peine,
je savais interpréter tout Mozart, Clementi et les autres compositeurs pour piano
connus à l'époque, par cœur la plupart du temps grâce à ma bonne mémoire
musicale. Tout ce que mon père pouvait mettre de côté de son maigre salaire de
maître de piano servait à m'acheter des partitions. Et comme j'évitais soigneuse-
ment les autres enfants et que j'étais toujours sous la surveillance de mes parents,
l'assiduité devint pour moi une habitude. Sans y avoir été particulièrement encou-
ragé par mon père, je commençai dès l'âge de 7 ans à écrire mes propres idées, et
je dois remarquer que celles-ci étaient la plupart du temps si justement écrites que
je ne trouvai que peu de choses à y changer lorsque, plus tard, j'appris la basse
continue.*

L'événement clé fut pour lui sa rencontre avec Ludwig van Beethoven. Wenzel
Krumpholz, violoniste à l'orchestre de l'Opéra de la Cour de Vienne et ami de
Beethoven, présente l'enfant, âgé de dix ans, au maître. La manière dont
Czerny, adulte, raconte cette rencontre fait pressentir – quelque grotesque que
soit la situation – l'importance qu'elle eut pour lui.

*J'avais environ dix ans lorsque Krumpholz m'emmena chez Beethoven. Avec quel-
le joie et quelle crainte j'attendais le jour où je devais voir le maître admiré!
Aujourd'hui encore (1842), chaque instant est vivant dans ma mémoire. Une
journée d'hiver, mon père, Krumpholz et moi nous rendîmes à pieds de
Leopoldstadt /: où nous habitions encore:/ en ville, dans ce que l'on appelait le
tiefer Graben /: une rue /: nous gravîmes l'escalier jusqu'au 5ème ou 6ème étage,
où une employée peu soignée nous annonça à Beethoven et nous fit
entrer. Une pièce plutôt en désordre, avec des papiers et des vêtements*

---

*) L'ensemble des citations de la partie biographique sont extraites, pour le texte allemand de: Carl
Czerny: Erinnerungen aus meinem Leben [Souvenirs de ma vie] (l'autographe se trouve aux archives
de la Société des amis de la musique à Vienne), reproduit dans: Paul Badura-Skoda (Ed.): Carl Czerny:
Über den richtigen Vortrag der sämtlichen Beethoven'schen Klavierwerke nebst Czerny's „Erinnerungen an Beethoven" [Carl Czerny: De l'interprétation correcte de l'ensemble des œuvres pour piano
de Beethoven, accompagné des „Souvenirs de Beethoven" de Czerny], Vienne 1963 (Universal Edition).

éparpillés partout, quelques valises, des murs nus, à peine un siège, excepté celui, branlant, du pianoforte Walter /: les meilleurs à l'époque:/ et, dans cette pièce, une société de 6 à 8 personnes, dont les frères Wranitzky, Süßmeier, Schuppanzigh et l'un des frères de Beethoven.

Beethoven lui-même était d'habillé d'une veste à longs poils gris foncés et de pantalons assortis, de sorte qu'il me rappelait l'illustration du Robinson Crusœ de Campe, que je lisais à l'époque. Ses cheveux, noirs de geais /: coupés à la Titus, se redressaient en broussaille :/ autour de sa tête. Sa barbe, qui n'avait pas été rasée depuis quelques temps, noircissait plus encore la partie inférieure de son visage déjà brun. Avec la rapidité propre aux enfants, je remarquais qu'il avait dans les deux oreilles du coton qui semblait plongé dans un liquide jaune.

Cependant, on ne remarquai pas alors chez lui la moindre surdité. Je dus jouer immédiatement quelque chose, et comme je n'osais pas commencer par l'une de ses propres compositions, je jouai le grand Concerto en ut majeur de Mozart /: qui commence par des accords:/ [KV 503]. Beethoven devint bientôt attentif, s'approcha de mon siège et, aux endroits où je n'avais que des passages d'accompagnement, joua de la main gauche la mélodie de l'orchestre. Ses mains étaient toutes recouvertes de poils, et ses doigts /:très larges:/, surtout aux bouts. La satisfaction qu'il manifestait me donna le courage d'interpréter la Sonate Pathétique, qui venait de paraître, et, enfin, Adélaïde, que mon père chanta de sa voix de ténor relativement bonne. Lorsque j'eus fini, Beethoven se tourna vers mon père et dit: «Ce garçon a du talent, je veux lui donner des cours moi-même et j'en fais mon élève. Envoyez-le moi plusieurs fois par semaine. Mais surtout procurez-lui le manuel d'Emanuel Bach Über die wahre Art das Clavier zu spielen [sur la vraie manière de jouer du piano], qu'il l'apporte dès la prochaine fois.

Elève de Beethoven et jeune virtuose du piano, Czerny fait connaître les compositions de son professeur, il enrichit d'«anecdotes et d'ébauches sur Beethoven» la biographie écrite par Anton Schindler. Il réalise une édition des sonates agrémentée d'indications métronomiques et de doigtés, et livre dans son traité *Über den richtigen Vortrag der sämtlichen Beethoven'schen Klavierwerke [De l'interprétation correcte de l'ensemble des œuvres pour piano de Beethoven]* (dans le 4ème volume de sa méthode de piano op. 500) une interprétation fascinante des œuvres pour piano du maître.

Carl Czerny futt interprète, compositeur (de sonates, de symphonies, de concerts, de chœurs, de messes et même d'œuvres de scène), éditeur, critique, arrangeur. Il devint célèbre en tant que pédagogue du piano et auteur d'ouvrages pédagogiques. A l'âge de quinze ans déjà, Czerny, qui, à l'exception de quelques brefs voyages, ne quitta jamais Vienne, s'était déjà fait un nom en tant que professeur de piano. Beethoven lui confia son neveu Karl. (Lui, l'impétueux, pria le professeur de bien vouloir avoir une patience bienveillante). De nombreux virtuoses de son temps comptèrent au nombre de ses élèves; le plus célèbre d'entre eux – son père le lui présenta en 1819 alors qu'il était âgé de huit ans – fut Franz Liszt.

Outre une activité d'enseignement pénible – jusqu'à douze heures parjour – Czerny développa une fécondité compositionnelle presque inimaginable. Il a laissé plus de mille œuvres; dans le domaine de la musique pour piano, il atteint le numéro d'opus 861, un numéro se composant souvent de cinquante recueils ou plus.

Il restait peu de place pour un bonheur privé. La mort de ses parents, dans la maison desquels il vivait, constitua pour lui une coupure tragique. *En 1827, je perdis ma mère, et cinq ans plus tard (1832) mon père, restant désormais seul puisque je n'avais pas de parents.* Carl Czerny mourut à Vienne en 1857.

Igor Stravinski est l'un des premiers à avoir attiré l'attention sur le fait que Czerny ne peut être considéré uniquement comme un compositeur d'œuvres pédagogiques: *J'ai toujours apprécié en Czerny bien plus le musicien entier que le célèbre pédagogue.*

Seuls près de 90 numéros des œuvres de Czerny, soit un dixième de ses compositions, sont des œuvres méthodologiques, des études et des exercices pour le piano; mais ce sont surtout celles-ci qui ont été imprimées et publiées, et qui ont influencé l'image du compositeur jusqu'à nos jours.

On a appelé Czerny le «Sisyphe du clavier», le «serviteur de la virtuosité», «un véritable encrier». Enivré par la masse de son œuvre, il aurait créé, par des passages et des cadences sans âme, les instruments pour dégoûter du piano des générations d'élèves «en détention cellulaire». On ne peut nier en effet que, de par leur caractère systématique et leur perfectionnisme, les études et les exercices se prêtent pour ainsi dire à une réception mécanisante, d'autant qu'il n'y a pratiquement aucun problème pianistique qui n'y aurait pas été thématisé exhaustivement. On ne mentionnera que les œuvres d'études les plus connues:

Etudes: *L'Ecole de la vélocité*, op. 299; *L'Ecole du Legato et du Staccato*, op. 335; *L'Ecole du virtuose*, op. 365; *L'Ecole de la main gauche*, op. 399, *L'Ecole de la fugue et de l'interprétation à plusieurs voix*, op. 400; *L'art de délier les doigts*, op. 740.

Exercices: *Quarante exercices quotidiens*, op. 337; *90 exercices quotidiens pour l'accroissement constant de l'habileté dans toutes les formes habituelles*, op. 820; et enfin *160 brefs exercices à huit mesures*, op. 821; ainsi que *L'Ecole complète théorique et pratique du pianoforte*, op. 500.

Dans la préface à *L'Ecole de la vélocité*, premier ouvrage d'étude paru en 1834 après 30 ans de pratique enseignante, Czerny formule ainsi le but de ses exercices et études: *Parmi les qualités indispensables que doit posséder un pianiste s'il veut s'élever au-dessus de la médiocrité, l'une des plus urgentes est la véritable et régulière vélocité de ses doigts, même dans le mouvement le plus rapide, et elle doit être développée le plus tôt possible chez chaque élève. Ce n'est que s'il dispose librement de tous les niveaux de vitesse que le pianiste sera à même de jouer aussi les autres genres à la véritable perfection – de même que la souplesse de la langue est une condition première pour qui voudra bien s'exprimer dans une langue.*

La croyance selon laquelle d'innombrables répétitions mécaniques permettent d'atteindre une habitude de jeu telle que l'expression artistique en résulte d'elle-même se maintient jusque dans la pédagogie de notre époque. Cependant, malgré tous ses appels à l'assiduité, le pédagogue Czerny savait qu'un être humain fonctionnant „parfaitement" manquerait de l'imagination et de la sensibilité rendant possible l'expression artistique même. Il évoque la *beauté de l'interprétation et du sentiment qui viennent s'ajouter au simple chant,* invite l'interprète à *conférer éclat et vie à toute prestation artistique.* En ce qui concerne le nombre des répétitions également, il en appelle à la responsabilité majeure des interprètes: *Au reste, on laissera à la réflexion et à la ténacité du pianiste de raccourcir ou de prolonger parfois encore le nombre de ces répétitions.*

Les *160 brefs exercices à huit mesures*, op. 821, œuvre „tardive" parmi les exercices, parle un langage propre: outre l'objectif d'une routine souple, différenciée, expressive, ils renferment une série d'appels musicaux: les indications de tempo et de caractère, les indications dynamiques, l'articulation, notée avec précision, exigent une interprétation dépassant de loin la reproduction purement mécanique.

La tentative de diviser les exercices en fonction de leurs objectifs technico-musicaux (p. 14) ne saurait être plus qu'un guide indicatif à travers le volume du matériel. Ce n'est que si l'on comprend ces exercices comme des micro-morceaux, que si l'on saisit leurs valeurs expressives, que si l'on les suit avec Czerny dans les tonalités les plus lointaines et les transpose, que si l'on joue à improviser sur le matériel et avec son propre corps que l'on atteindra une nouvelle dimension de la „vélocité artistique".

Monika Twelsiek

Note de l'éditeur

La présente édition est basée sur celle publiée du vivant du compositeur, en 1853, chez Schlesinger à Berlin. [Source: British Library, Londres, H 1014 (5)]. La plupart des doigtés proviennent de l'édition de Schlesinger. Les doigtés alternatifs ont été ajoutés entre parenthèses. Les indications dynamiques entre parenthèses sont le fait de l'éditeur

Dans des éditions précoces de ce type, les indications de phrasé sont souvent problématiques. L'éditeur a donc tenté de baser le phrasé sur la ligne naturelle de la musique.

Les éditions modernes comportent des indications relatives à l'usage de la pédale. Il n'en est rien dans l'édition de Schlesinger et l'emplacement et la fréquence de l'usage de la pédale sont donc laissés ici à la discrétion des interprètes et des enseignants.

L'édition de 1853 comporte une note mentionnant: *chaque exercice doit être pratiqué au moins huit fois de suite, formant ainsi une seule grande étude.*

David Patrick

Katalogisierung der Übungen nach musikalisch-technischen Zielen
The exercises classified according to musical and technical elements
Catalogue des exercices en fonction des objectifs musicaux techniques

Figuren mit Lagenwechseln /
Figures with changes of hand position /
Figures avec changement de position
1, 12, 13, 15, 18, 22, 32, 37, 59, 61, 74, 81, 82, 84, 90, 122

Tonleitern / Scales /Gammes:
diatonisch / diatonic / diatoniques
2, 9, 24, 28, 30, 34, 40, 43, 46, 52, 58, 60, 69, 77, 83, 109, 120

chromatisch / chromatic / chromatiques
7, 8, 83, 99, 112, 127

Verzierungen / Ornaments / Ornements:
Triller / Trills / Trilles
5, 6, 25, 26, 27, 36, 48, 49, 50, 51, 73, 80, 81, 83, 112, 123, 131, 132, 155

Vorschläge / Appoggiaturas / Appoggiatures
4, 10, 13, 27, 39, 49, 73, 132

Doppelschläge / Double Appoggiaturas /
Double cadence
14, 75, 93, 122, 133

Tonrepetitionen mit Fingerwechsel /
Repeated notes with change of fingering /
Répétitions de notes avec changement de doigts
16, 17, 95, 113, 114, 115, 136

Sequenzierende Figuren / Sequential Figures /
Figures en marche
1, 55, 62, 96, 100, 101, 134, 147, 151, 159

Doppelgriffe / Double stops / Doublés:
Terzen simultan / Double thirds /
Tierces, simultanées
3, 19, 20, 29, 39, 41, 55, 63, 78, 102, 103, 107, 108, 123, 128, 129, 132, 139, 147

Terzen gebrochen / Broken thirds /
Tierces, brisées
12, 37, 54, 82, 87, 147

Oktaven simultan / Simultaneous octaves /
Octaves, simultanées
11, 56, 71, 76, 78, 79, 89, 104, 111, 118, 125, 129, 152, 153

Oktaven gebrochen / Broken octaves /
Octaves, brisées
88, 95, 135, 142, 143, 150, 153, 154, 158

Doppelgriff-Kombinationen /
Combinations of intervals /
Combinaisons de doublés
64, 76, 92, 106, 121, 140

Akkordbrechungen / Broken chords /
Accords brisés
26, 31, 33, 35, 38, 42, 44, 57, 62, 66, 68, 70, 85, 86, 91, 93, 101, 113, 115, 116, 117, 124, 126, 130, 137, 138, 144, 145, 146, 156, 157, 160

Akkordspiel / Chords / Accords
56, 60, 64, 72, 94, 104, 105, 110, 118, 119, 129, 148, 149, 150, 152

Zweistimmigkeit in einer Hand /
Two-part playing with one hand /
Deux voix à une main
25, 26, 36, 57, 61, 65, 67, 74, 80, 85, 97, 99, 112, 122, 127, 135, 155

Alternieren der Hände / Alternation of hands /
Alternance de mains
23, 45, 56, 68, 85, 88, 89, 97, 98, 104, 105, 128, 150, 152, 153

Punktierter Rhythmus / Dotted rythm /
Rythme pointé
21, 41, 72, 93

Polyphonie / Polyphony / Polyphonie
53, 60, 64, 72

160 achttaktige Übungen

Carl Czerny
(1791 - 1857)

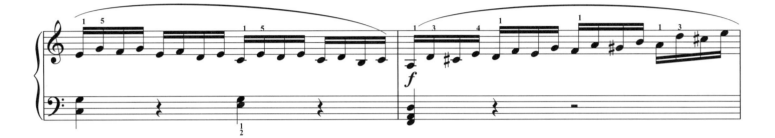

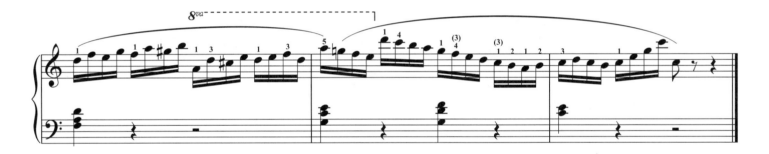

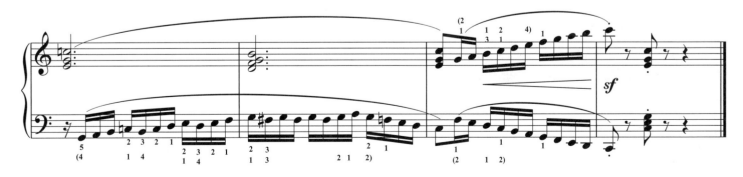

Allegretto

3

Vivace

4

Andantino espressivo

5

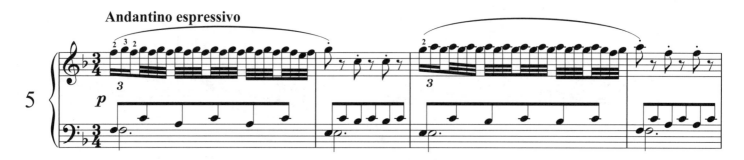

Andantino

6

Allegro vivace

7

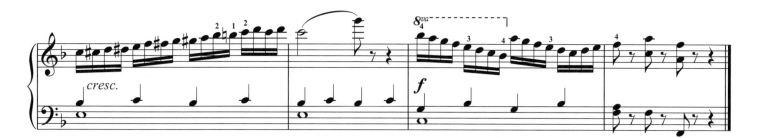

Allegro

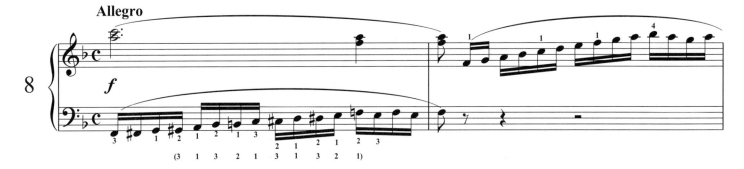

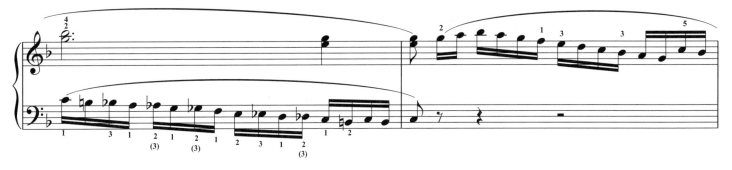

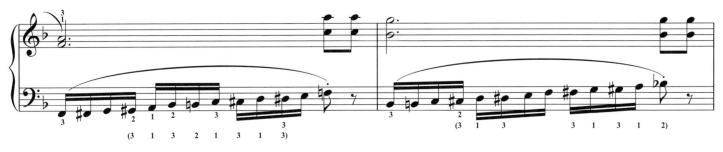

Vivace

10

Allegro

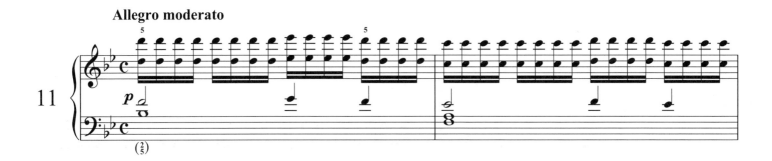

11

Allegro moderato

12

Allegro moderato

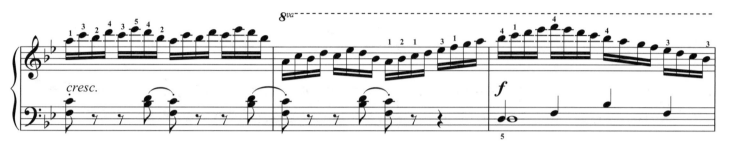

13

Allegro moderato

14

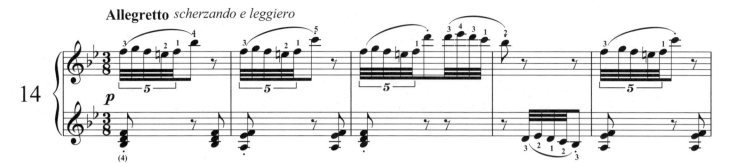

15

16 **Allegro moderato**

17 **Allegro vivace**

18 **Allegretto**

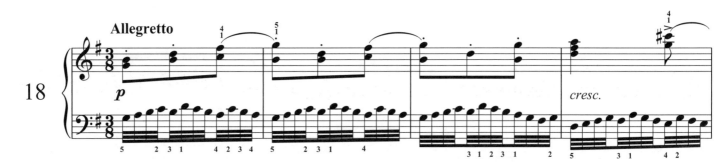

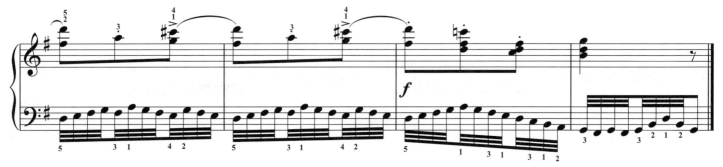

19

Allegretto animato

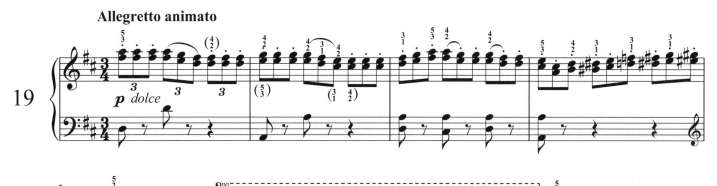

Allegro

20

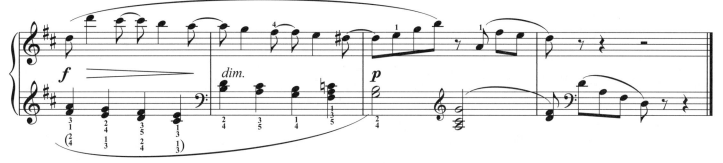

Allegretto moderato

21

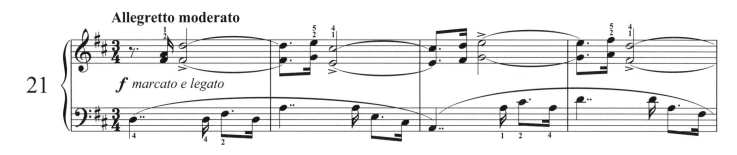

24

22

Allegro vivace

23

Allegro

Allegro

24

Allegro

25

Allegretto

26

Allegretto giocoso

27

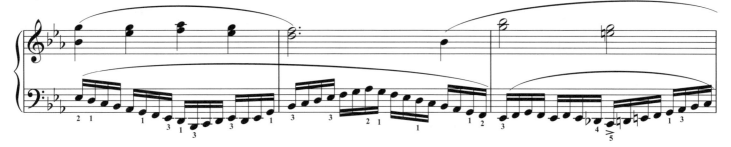

Allegro moderato

28

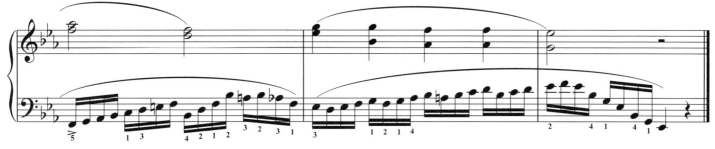

Allegro moderato

29

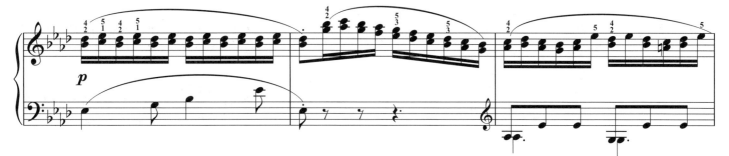

28

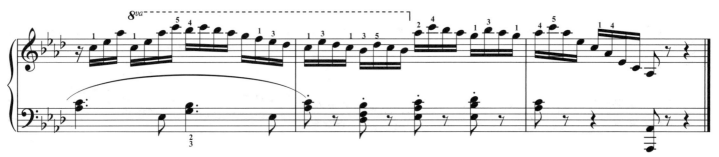

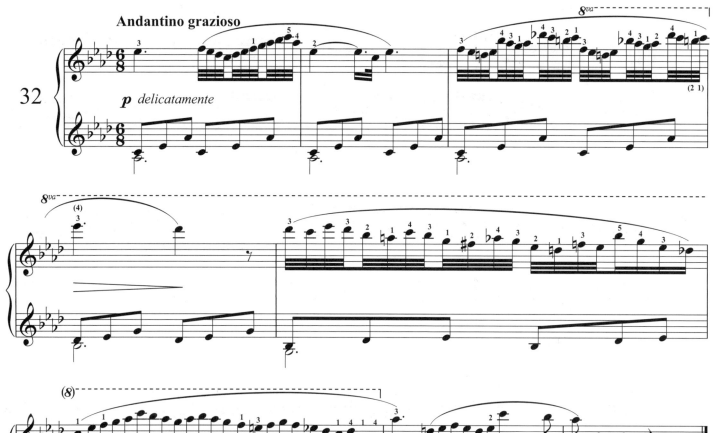

34

35

36

37

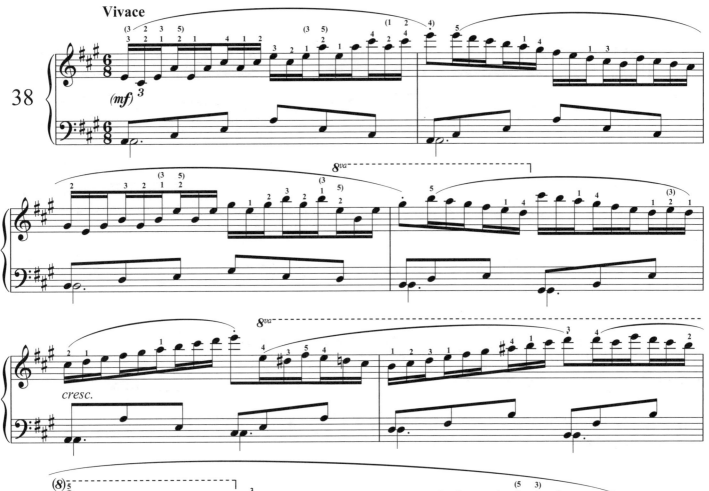

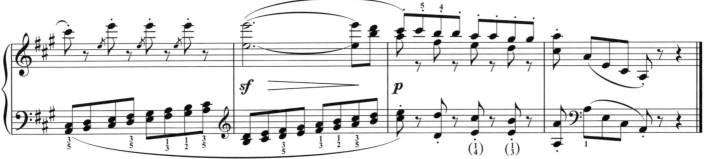

Allegro moderato

40

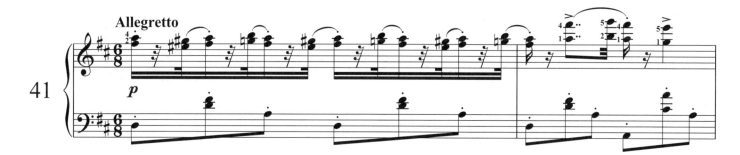

Allegretto

41

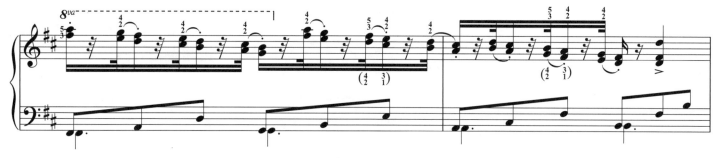

34

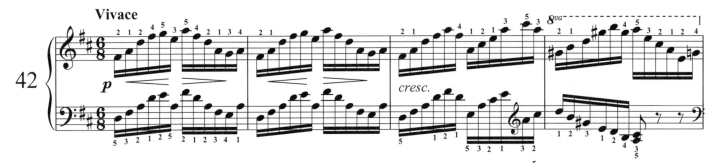

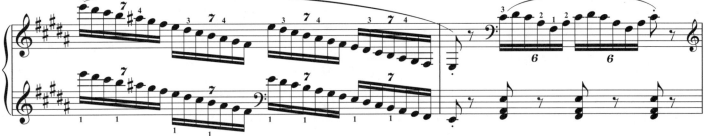

36

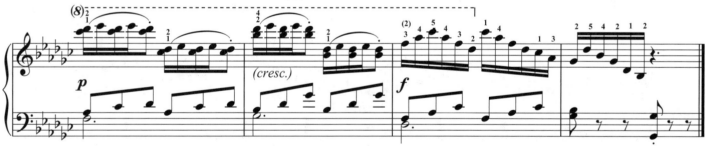

Allegretto animato

50

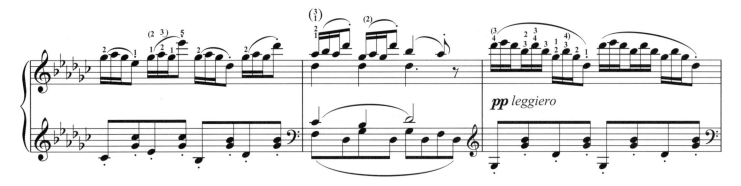

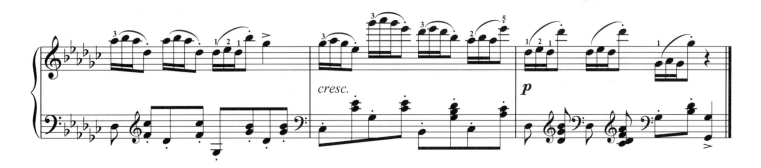

Allegro moderato

51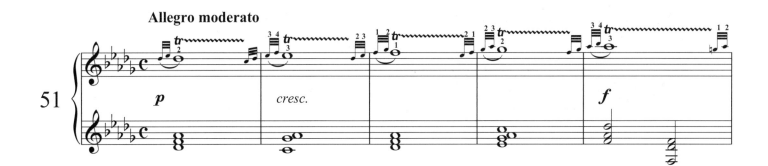

Allegro

52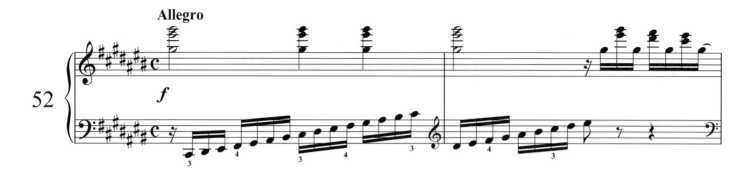

Andantino

53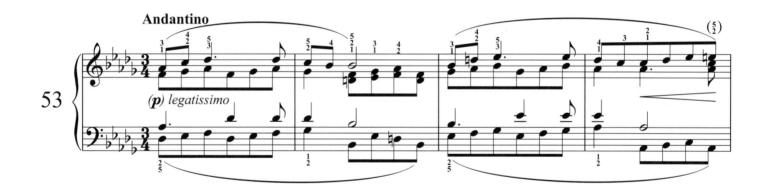

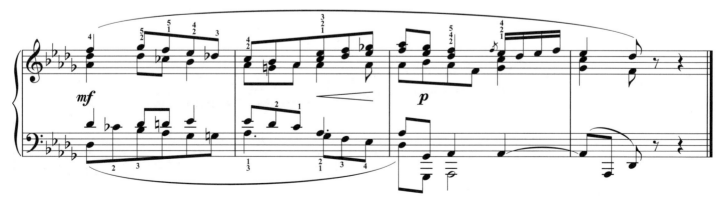

54

Vivace

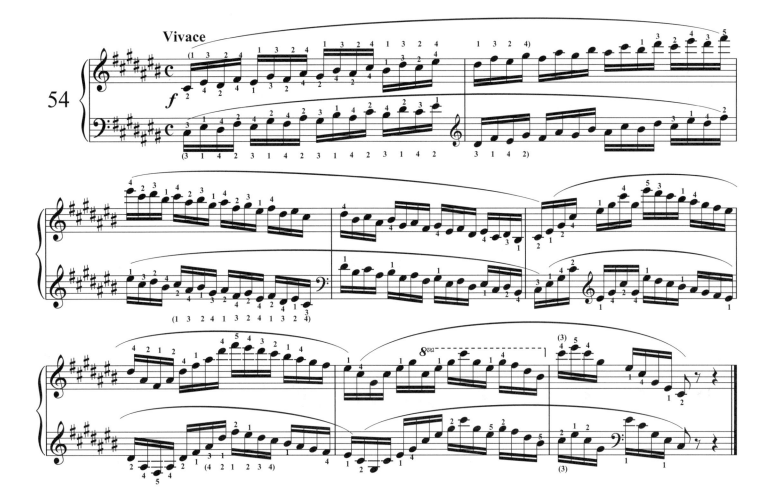

55

Allegro

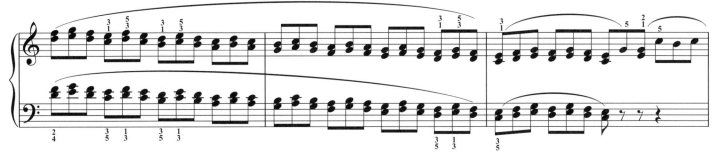

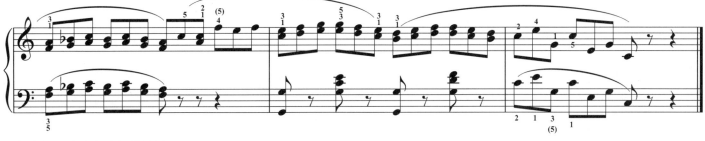

Allegro

56

Allegro

57

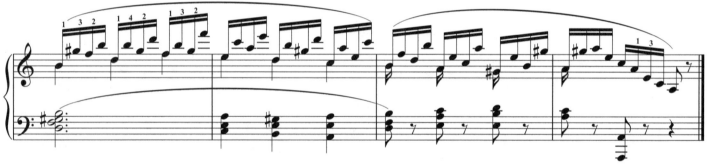

Vivace

58

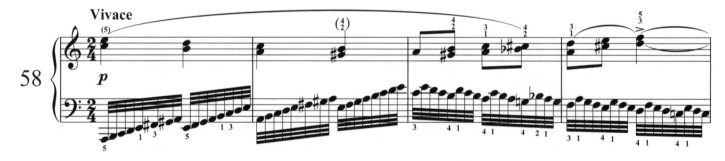

Andante

64

Allegro

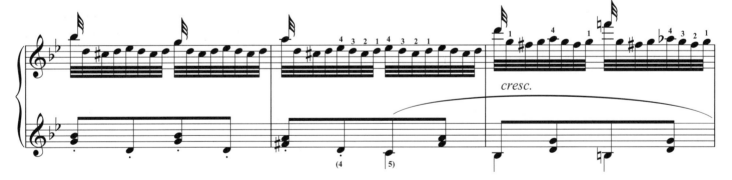

65

44

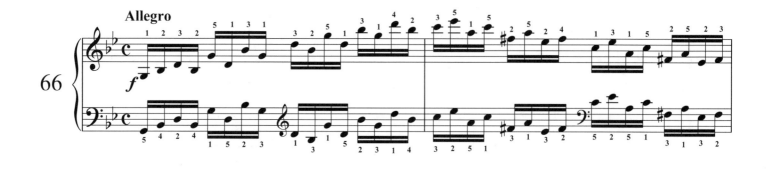

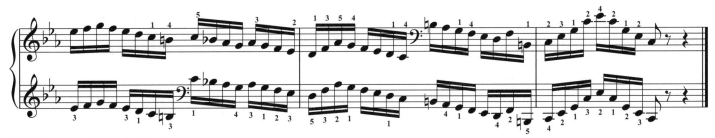

Allegro

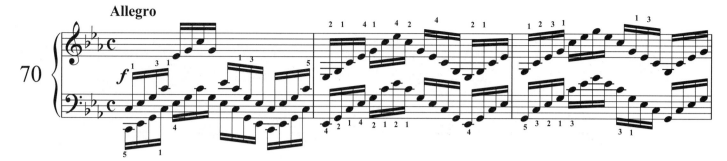

70

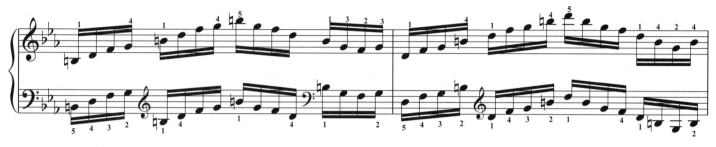

Allegro giocoso

71

Allegro moderato

72

f   *legato e marcato*   (cresc.)

ff   *sf*

Andantino espressivo

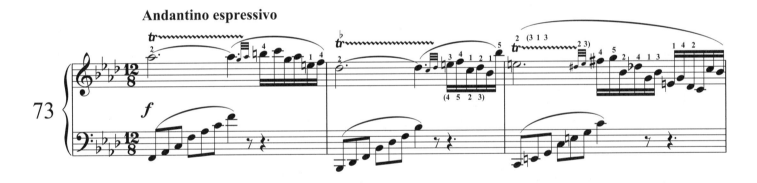

73

f

dim.   *p*   *calando*

48

Allegro

74

Allegro moderato

75

76

77

78

Allegro vivace

79

Allegro

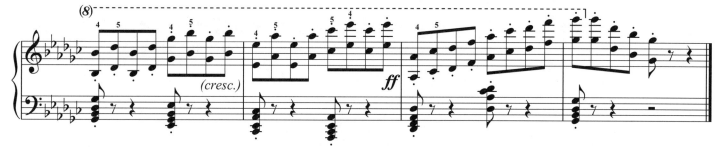

80

Allegro

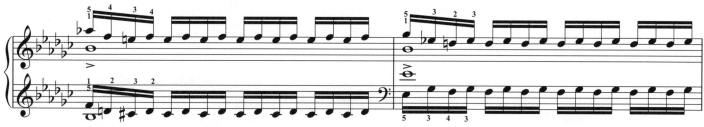

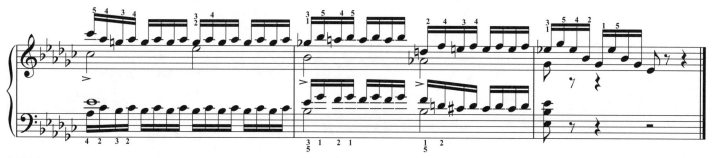

81

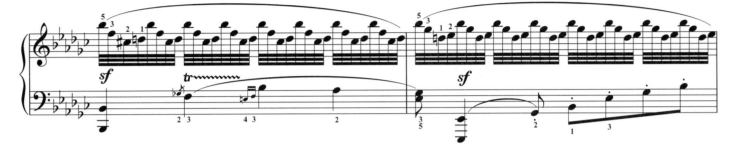

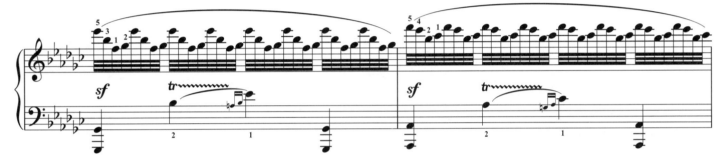

82

52

Andante con moto

83

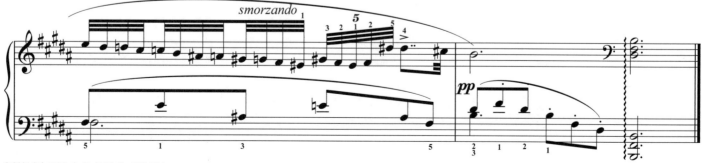

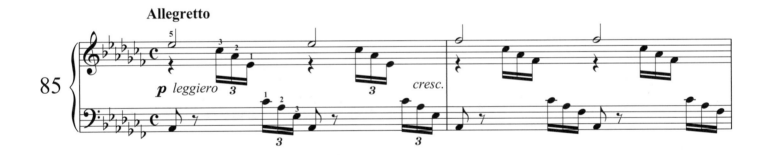

Allegro

86

Allegro vivace

87

Allegro agitato

88

Presto
marcatissimo

89

56

Allegro

92

Allegro moderato

93

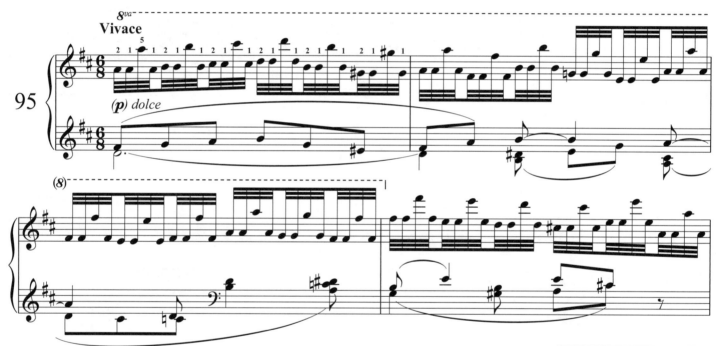

Allegretto vivace

96

Allegro agitato

97

tenuto e marcato

Molto Vivace

Allegro veloce

Allegro vivace

100

Allegro

101

Allegro moderato

102

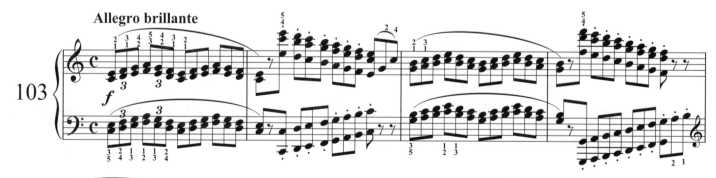

Allegro brillante

103

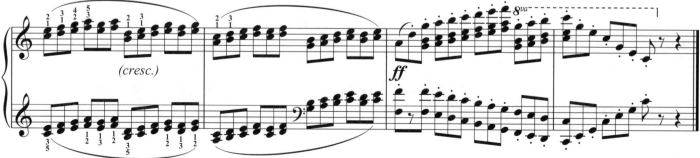

64

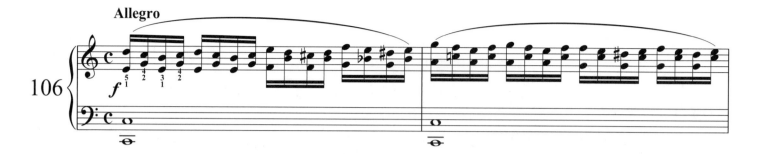

106

107

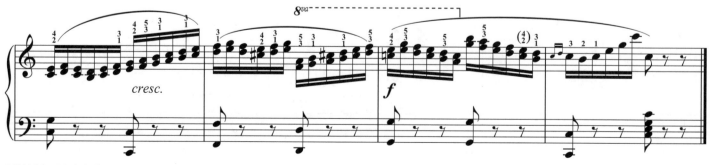

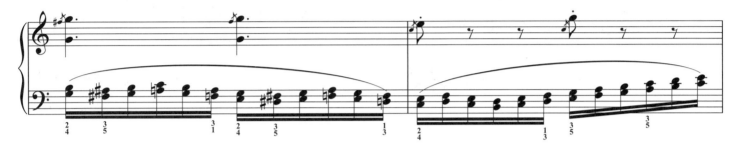

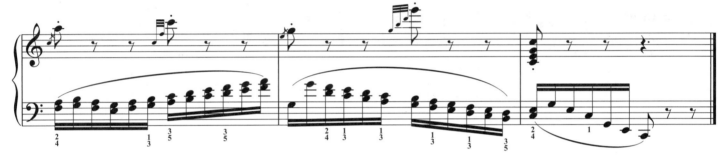

110

Allegro moderato

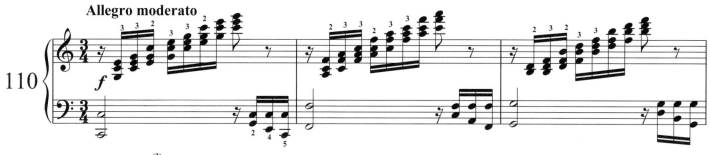

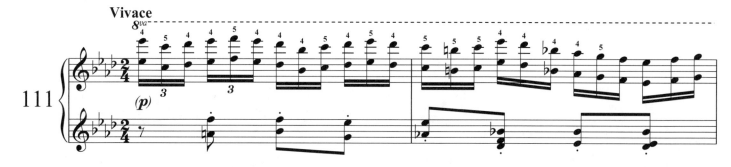

111

Vivace

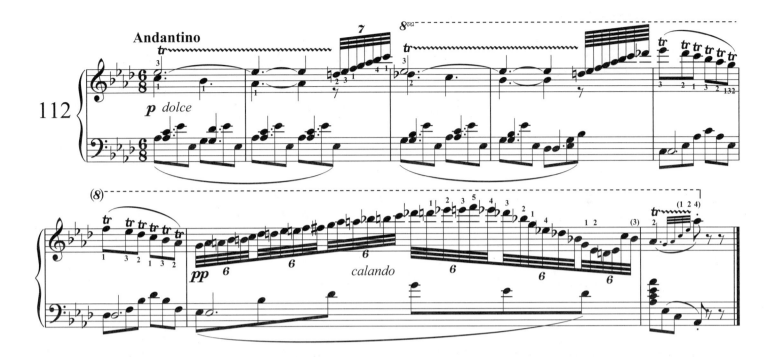

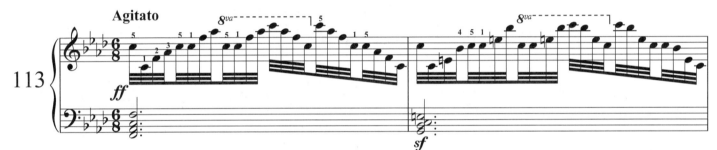

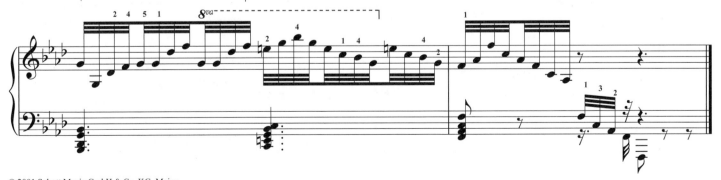

68

Allegretto animato *dolce, scherzoso*

114

Allegro vivace

115

Allegro

116

Allegro

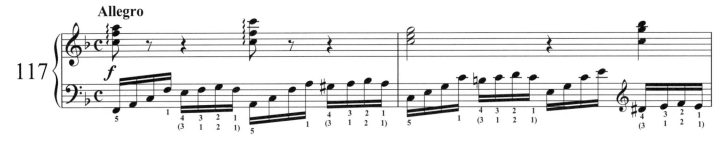

117

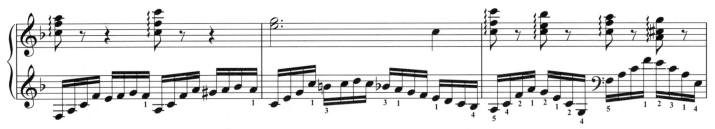

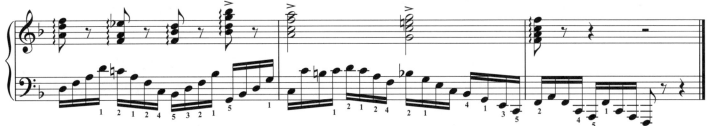

Molto vivace ed energico

118

Presto

119

70

Velocissimo

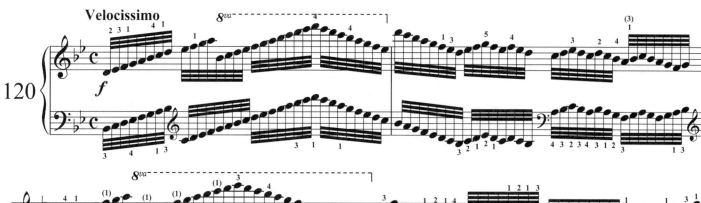

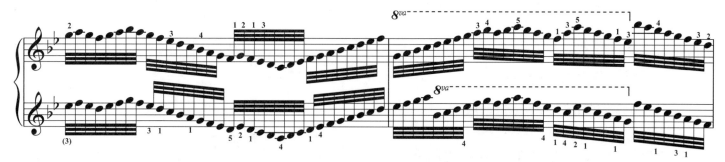

Allegro vivace

p dolce e legato

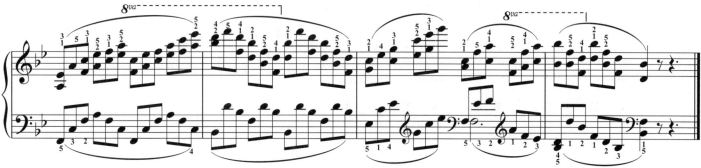

Allegro energico

122

Andante

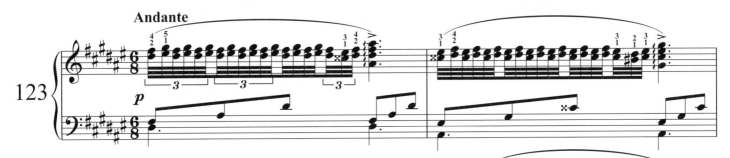

123

72

Allegro con fuoco

124

Allegro vivace

125

Allegro

126

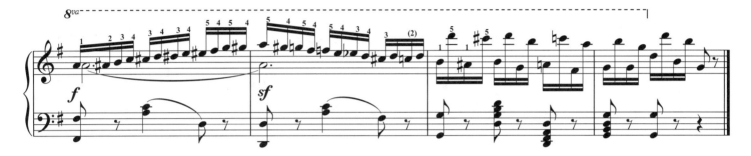

Allegro vivace

130

Allegretto moderato

131

*) der Ausgabe von 1853 hat hier fis
*) F sharp in the 1853 edition here

*) der Ausgabe von 1853 entsprechend sollten die Vorschläge <u>auf</u> die Zeit gespielt werden.
*) According to the 1853 edition, acciaccaturas should be played <u>on</u> the beat.

Presto

134

Allegro

135

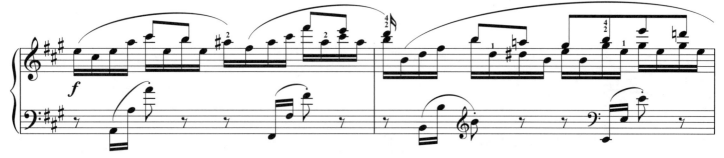

136

Allegro brillante

137

Moderato

78

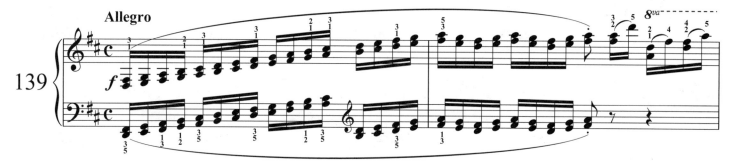

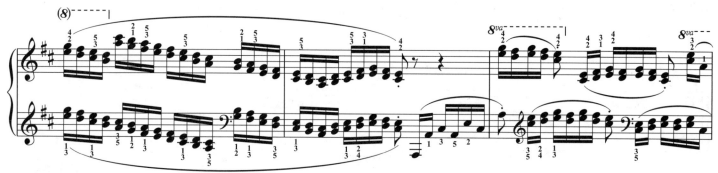

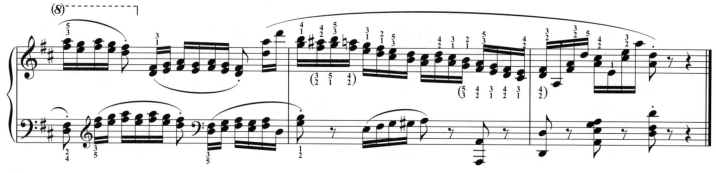

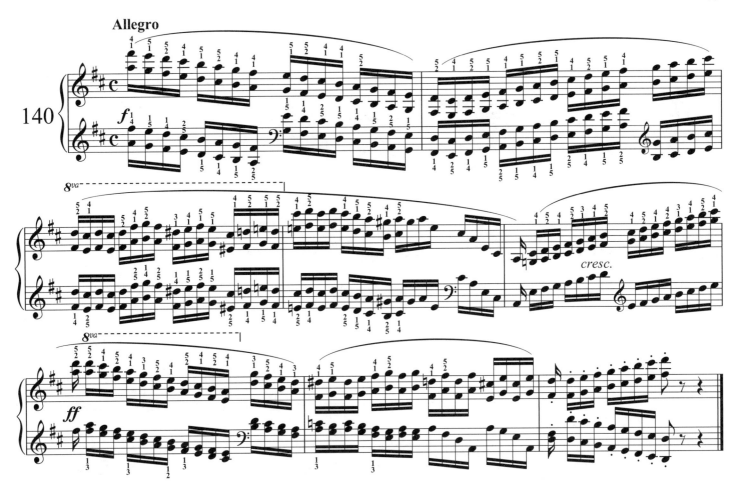

Allegro

142

Allegro vivace

143

Molto allegro

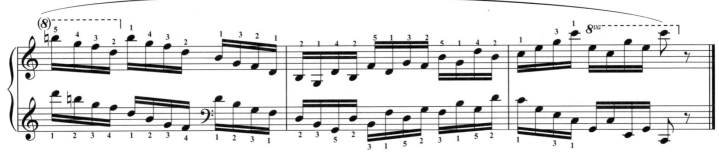

Molto allegro

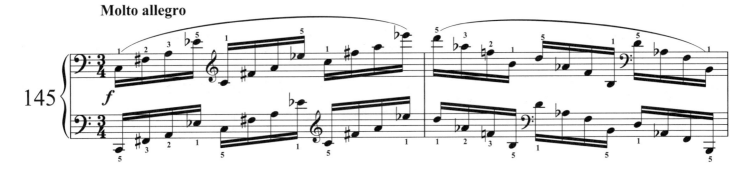

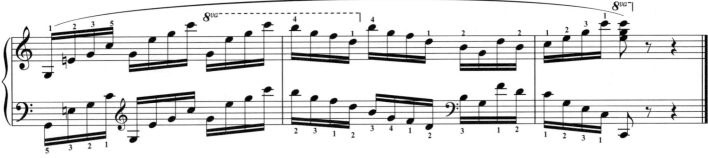

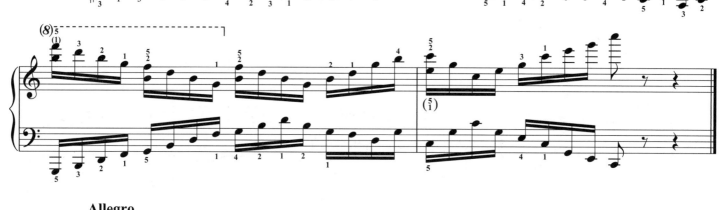

Molto allegro

148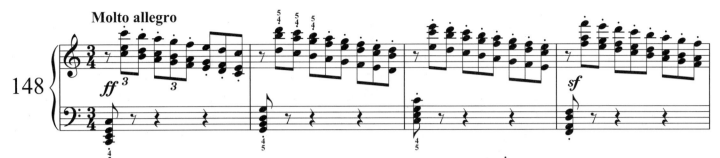

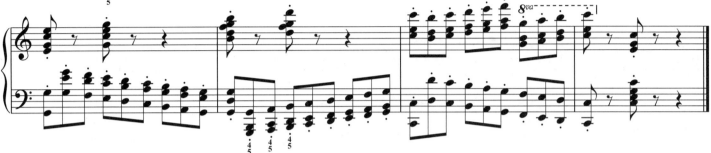

Allegro comodo

149

Allegro con bravura

150

Allegro vivace

151

Allegro vivace

152

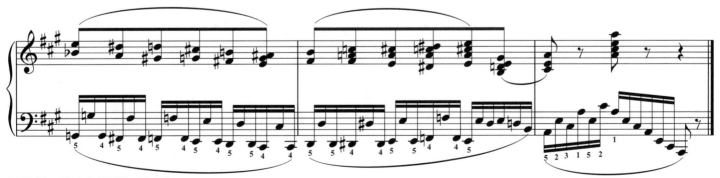

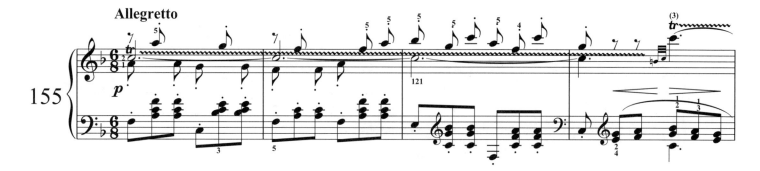

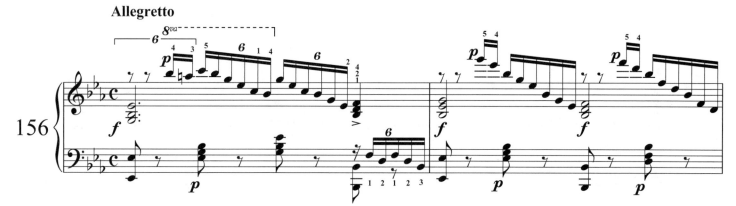

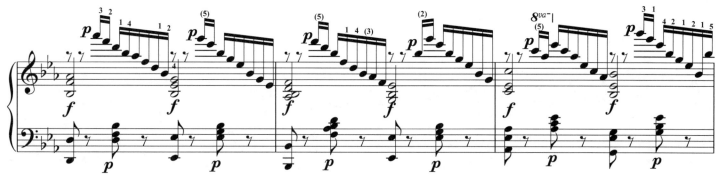

157

Allegro vivace

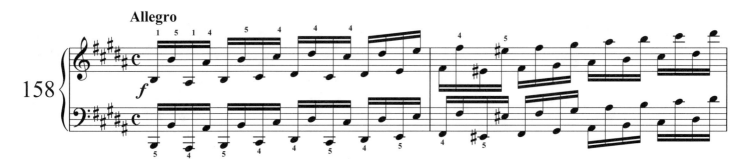

158

Allegro

Allegro

159

Molto allegro

160

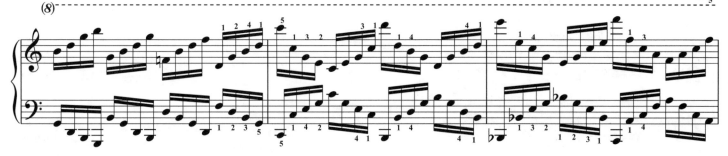

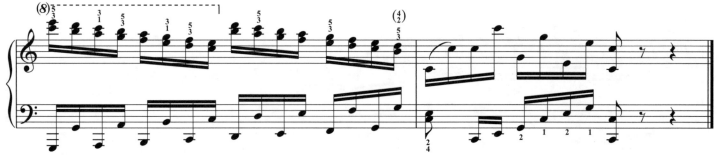

Schott Music, Mainz 49 441